DE LA
MONARCHIE FRANÇAISE.

DE
LA MONARCHIE
FRANÇAISE,

Considérations générales au sujet de la légitimité et de l'hérédité politique,

Par J. T. Lefebure,

Chevalier de la Légion-d'Honneur, etc., etc.

> Pour consolider l'édifice social et fondre les débris des anciens partis dans la masse de la nation, il faut que la vérité éclate.

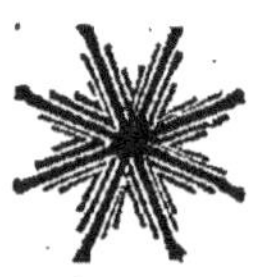

AVESNES,

C. VIROUX, IMPRIMEUR-ÉDITEUR.

1852.

AVANT-PROPOS.

> Dans un pays de liberté, il ne suffit pas que quelques uns sachent la raison des choses, il faut qu'elle soit mise à la portée de tous.

La question de légitimité et d'hérédité politique mise à l'ordre du jour par suite des événements de 1848, controversée pour ou contre tel ou tel parti, n'ayant été, jusqu'ici, qu'une dispute de mots sans valeur précise, nous avons cherché à lui en donner une, en nous appuyant, toutefois, sur les documents que les temps passés nous ont légués, comme sur les interprétations qu'ont pu leur donner les publicistes modernes.

Exposer l'origine du pouvoir souverain de la France, faire connaître sur quoi fut fondé le droit d'élection comme celui d'hérédité politique, les droits que la nation a dû se réserver au sujet de l'élection ou de l'exclusion à ce pouvoir, tel est le but que nous nous sommes proposé.

M. de la Rochejacquelin qui, comme chef zélé du parti qu'il représente, semble avoir le mieux compris les nécessités de l'époque, tout en constatant, dans une lettre insérée au *Galignani's Messenger*, du 29 septembre 1850, au sujet de M. le comte de Chambord, que Massillon, parlant à Louis XV, lui avait rappelé que c'était primitivement le suffrage du peuple qui avait consacré la couronne de France, tout en voulant démontrer qu'encore aujourd'hui ce genre d'institution devait prévaloir, a cependant fait confusion de la nature du droit présent avec le droit d'autrefois.

En effet, ne devient-il pas nécessaire de rappeler que, d'après les anciennes constitutions françaises, le roi, la noblesse et le haut clergé seuls tenaient en main tous les pouvoirs de l'Etat ; que, dans les anciens temps, quand il était question de la puissance du peuple, alors qu'elle était invoquée, il ne s'agissait que des seigneurs et de leurs vassaux, puisque, à l'exception d'un certain nombre d'hommes libres, d'origine gallo-romaine, qui s'étaient rangés sous les drapeaux du vainqueur, le reste des indigènes était réduit à l'état de servage sans aucun droit dans l'Etat, pas même celui de propriété qui leur avait été ravi, condition bien différente de celle qui, aujourd'hui, constitue notre société ; qu'enfin, quand ceux de l'ancien régime disent avoir seuls combattu pour la défense des libertés nationales, ils ont en quelque sorte raison, puisque l'on sait qu'alors ils ne prétendaient pas mettre les armes à la main de ceux qu'ils appelaient les vilains, les roturiers, dont sans doute ils se défiaient. Mais que, quand plus tard ces bourgeois et ces paysans furent appelés à compléter l'armée royale, soit par la milice ou le racolage, enrolés soit de gré ou par finesse, ce n'était pas en effet à un grand duel politique, ayant pour objet la conquête de leur liberté, qu'ils marchaient. On doit se souvenir qu'alors qu'ils versaient leur sang, c'était pour soutenir les querelles de leurs oppresseurs et non, comme les soldats de la république et de l'empire, pour défendre les institutions nationales qu'ils avaient reconquises.

Légitimité et *hérédité*, tels sont les deux mots de ralliement adoptés pour faire admettre les prétentions au gouvernement de la France. Malgré les discussions que ces deux mots ont déjà soulevées, la question est encore restée indécise dans le monde parceque le plus grand nombre confond, dans une même acception, deux principes qui se doivent différemment définir; la légitimité, dans notre cas, pouvant au moins fournir un titre à la candidature, tandis que l'hérédité a la prétention de faire arriver d'emblée au gouvernement du pays, sans avoir besoin d'aucun patronage. N'est-ce pas ainsi que M. Berryer l'a déclaré en présence de l'Assemblée nationale, le 16 janvier 1851, quand il a dit que M. le comte de Chambord n'était exilé que parce qu'il ne pouvait mettre le pied sur la terre de France que les rois ses aïeux avaient conquise, que pour y être le premier des Français, le roi!

Dans une autre circonstance, au mois de décembre 1848, nous avons dit: (*Lettre d'un patriote*, Douai, 20 décembre.) que la légitimité résultait de tout ce qui était fondé sur la raison et sanctionné par la justice; qu'elle n'était valable qu'autant qu'elle était acquise comme réciprocité ou rémunération de services, ce qui fit que les conquérants de la Gaule, après l'occupation romaine, n'y jouirent pendant longtemps que d'un pouvoir contestable et souvent contesté; que pour affermir cette puissance, il fallut que l'un des premiers rois du pays, auquel ils donnèrent le nom de France, se fît chrétien; qu'il entrât dans l'église pour y recevoir l'onction sainte qui le fit régner de par le droit divin, autrement dit, sous la protection de l'église orthodoxe, d'où les successeurs prirent le nom de rois très-chrétiens. Néanmoins ce droit, intelligente inspiration du sacerdoce, ayant perdu son prestige, il résultait que la puissance souveraine, pour affermir son crédit sans vouloir lui enlever ce qu'elle pouvait avoir de sacré, ne devait plus se présenter qu'en vue de l'utilité publique.

Quant à l'hérédité, nous avons sommairement dit qu'elle était un droit de nature, applicable seulement au droit civil, mais fort contestable en ce qui concerne le droit politique, une génération ne devant jamais engager l'avenir de celles qui doivent suivre.

De la légitimité. — Nous avons dit qu'elle devait s'acquérir comme réciprocité ou rémunération de grands services rendus à l'Etat. Partant de ce principe, nous avons dû reconnaître que certains rois de France, successeurs des conquérants de la Gaule, avaient contribué à refaire une civilisation que leurs prédécesseurs avaient fait évanouir; qu'à ce titre une sorte de légitimité s'attachait à leur personne, mais aussi nous avons démontré comment celle de Napoléon devait être la plus certaine, ce dont il sera facile de se convaincre par les raisons que nous allons exposer.

Avant de passer à l'examen du droit héréditaire politique, question que nous avions réservée pour un temps plus opportun, nous redirons, que pour être, la légitimité, comme nous l'avons comprise, n'avait besoin que de la sanction légale; que le temps, la durée, la possession de faits antérieurs, ne pouvaient tenir lieu de la raison, de l'ordre, de la justice qui, seuls, peuvent la faire consacrer; que son droit était infaillible pourvu toutefois qu'aucun motif de prescription ne soit venu le faire abroger, comme d'avoir volontairement abandonné la patrie, d'y avoir, par ses manœuvres, appelé la guerre civile et étrangère; que, conséquemment, l'autorité étant acquise à celui qui observait les lois du pays, il résultait, qu'en y dérogeant, on était nécessairement frappé de déchéance. N'est-ce pas ce qui, trois fois, est arrivé depuis 1789, et ce qui a donné lieu à ces épouvantables excès révolutionnaires qui en furent les conséquences?

Après ce court préambule, nécessaire à l'intelligence de ce que nous avons à dire, examinons donc la valeur du principe héréditaire que l'on invoque.

CARACTÈRE DE L'HÉRÉDITÉ POLITIQUE.

C'est en s'éloignant de la vérité que les révolutions s'éternisent.

Chez presque tous les peuples barbares, on aperçoit à la royauté une double origine : l'une militaire, car il faut un chef à une tribu de guerriers errants ; l'autre religieuse, parceque chaque peuple aime à rapporter aux premiers héros, dont il a fait ses dieux, la filiation d'une famille qui, à ce titre, devient l'objet de son respect, et possède un certain pouvoir. C'est ainsi que la royauté, dès son berceau, se rattachait à la terre et au ciel, aux nécessités présentes, aux traditions religieuses, qu'elle a pris racine en même temps dans la force et dans la foi.

Ces deux principes ont eu sur le sort de la royauté des influences opposées. Par l'une, elle était conditionnelle, mobile, élective ; par l'autre, elle était indépendante, sacrée, héréditaire. De là ce mélange d'élection et d'hérédité qui se rencontre, quant à la royauté, dans les premiers âges des monarchies. De là ce fait presqu'universel que l'élection n'avait guère lieu qu'entre les membres d'une même famille qui, alors, avait le privilége de donner des rois aux peuples. C'est ainsi que l'élection et l'hérédité des rois, au moyen de ces diverses fictions, sont presque contemporaines, et toutes deux primitives. Néanmoins, autant que l'on en peut juger, en l'absence de monuments écrits et originaux, c'était le principe électif qui dominait chez les Francs.

Quoiqu'il en soit, après l'établissement territorial, alors que Clovis pensa à se fixer et rallia sous sa domination toutes les tribus franques, l'hérédité de la couronne ne tarda pas à paraître. C'était, en effet, le résultat nécessaire de la prépondérance que possédait en fait la famille royale, en raison de l'importance du domaine qu'elle s'était approprié dans le partage des fruits de la conquête, autant que de l'indépendance dans laquelle vivaient, à l'égard du roi, la plupart des chefs importants. Aussi les Francs ne songeaient-ils pas plus à disposer de la couronne à chaque vacance, qu'ils n'auraient souffert que leur roi se prétendit propriétaire de la nation et du pouvoir, ainsi qu'il en est advenu quelques siècles après.

A la mort du roi, ses fils héritaient de son titre et de ses domaines; c'était une pensée commune qu'ils avaient droit à l'un comme aux autres, seulement, pour que le pouvoir suivit le titre, il était d'usage qu'ils fissent reconnaître leurs droits dans des assemblées plus ou moins nombreuses des chefs de la nation. Ainsi, dit M. Guizot, à qui nous avons emprunté ce que nous venons de dire, le principe d'hérédité subsistait, mais sous l'obligation de se faire avouer avant de jouir de l'autorité; dès lors, ni l'idée d'hérédité, pas plus que celle de légitimité n'avaient plus de portée, ni de consistance. Le trône appartenait, héréditairement, à une famille, mais les Francs n'appartenaient qu'à eux-mêmes; d'où est résulté, probablement, cette prétention traditionnelle de la noblesse à l'égard de la royauté, et son dédain pour tout ce qui était du peuple vaincu.

Les légitimistes donnent pour base à leur doctrine, le temps, et pour droit, la durée; cependant on sait que le temps et la durée ne peuvent tenir lieu de la raison, de la justice et de l'ordre qui, étant réunis, consacrent le droit. Néanmoins, dès qu'ils assignent une date, a dit le *Journal des Débats*, un jour, une naissance, ce n'est donc plus sur le droit divin qu'ils veulent s'appuyer? Mais alors que leur reste-t-il en main? Un fait, car un principe n'a pas d'âge, il existe aussi bien tout entier dans son germe qu'alors de sa dernière expansion, car jamais le nombre des années n'a pu créer un principe, il peut seulement établir des précédents, et voilà tout.

Quant à nous, nous croyons ne devoir faire reposer la légitimité que nous défendons, que sur la doctrine des services rendus au pays, à la civilisation, à l'ordre, et sanctionnée, autant par le temps que par l'assentiment que lui donne la volonté nationale.

Déjà Locke, dans ses *Essais sur les gouvernements*, avait démontré que la légitimité politique qui, autrefois, était un droit de famille, basé sur une possession domaniale, n'était pas, sous le rapport politique, suffisamment justifiée; que celle-ci ne pouvait reposer que sur la sanction du peuple, d'où il suit que la dynastie, sanctionnée par le peuple, est seule légitime.

Ce n'est pas que nous ne reconnaissions tous les avantages qui peuvent résulter de la tradition, des mœurs, de la durée sous le rapport des institutions politiques, mais nous ne pouvons nous dispenser de reconnaître aussi que quand, devenu insupportable, un pouvoir rétif s'obstine à ne rien vouloir changer, quand tout, autour de lui, l'y invite, il se frappe lui-même de déchéance et perd ses droits. Tandis que celui qui, avec l'assentiment de la nation, vient substituer des institutions nouvelles à celles vermoulues qu'il remplace, celui-ci fonde son droit et sa légitimité de manière à n'être révocable qu'autant qu'il arriverait qu'il s'en rendît indigne. Tel était, d'ailleurs, le texte et l'esprit de la loi des Visigoths sur cette matière : *Rex ejus eris si recta facis, si autem non facis non eris.* (*Recueil des Lois des Visigots*, revues et coordonnées pour la dernière fois dans le 16ᵉ Concile de Tolède, par ordre du roi Egiza, de l'an 681-701, sous le titre : *De electione principum*, § 1er). Voici la formule consacrée depuis lors pour l'intronisation des rois d'Aragon : *Nosotros que cada uno por si somos, tanto como os, os hacemos nuestro rey, con tanto que guarderais nuestros fueros, si no, no.*

Les nations, dit Montesquieu, ont le droit de changer l'ordre de succession à la couronne, comme elles ont aussi celui d'exclure ou d'intervertir l'ordre de succession au pouvoir souverain, précisément en vertu de l'ancien principe : *Salus populi suprema lex.* (*Esprit des Lois*, liv. 26 chap. 23.)

N'est-ce pas ainsi que se légitimèrent les usurpations de Pépin, maire du palais, préparant le règne de Charlemagne, ainsi que celle de Hugues-Capet, par suite de l'état de dégradation dans lequel ses prédécesseurs avaient réduit la royauté? Loin de nous, cependant, l'idée de vouloir blâmer ces usurpations, car il nous semble, qu'en politique, quand la nécessité commande, quand le salut de l'État y est engagé, il y a bien plus de légitimité dans la souveraineté que de graves circonstances font acquérir, quand surtout elle répond à la grandeur de sa mission, que dans celle qui, parée seulement du caractère héréditaire, prétend s'imposer par le seul fait de sa naissance.

A la suite de ces prémisses, voyons donc encore à quel titre on peut être admis à revendiquer des droits à une succession politique, en s'appuyant sur le droit héréditaire. Dans un moment aussi décisif que celui où nous nous trouvons, au sujet de la paix du monde, il ne suffit pas, pour justifier des prétentions qui ne concerneraient que des têtes souveraines, de donner aux circonstances présentes, le sens et le caractère des choses anciennes. Assimiler les idées et les besoins des siècles passés avec ceux des temps présents, n'est-ce pas ouvrir la source la plus féconde en erreurs ? Ne serait-ce pas le cas d'appliquer, à ceux qui veulent que l'on agisse ainsi, ce que les prêtres égyptiens disaient de Solon ? — « O ! Athéniens, vous n'êtes que des enfants ! » Nous pensons qu'au contraire, pour faire cesser la confusion dans les idées que des intérêts privés prennent soin d'entretenir, il faut rentrer dans toute la rigueur du vrai ; pour cela nous aurons recours aux monuments qui furent écrits dans les temps mêmes où ce qui devait être réformé était encore armé de toute sa puissance.

Montesquieu qui parlait en face d'une royauté absolue et héréditaire, s'exprimait ainsi : « Les successions civiles se règlent d'après la loi civile ; celles politiques, d'après les lois politiques. » (Liv. 26, chap. 16.) En effet, la loi civile peut prévoir la succession, tandis que la loi politique opère souvent par voie de suffrages. Ne fut-ce pas ainsi qu'après Dagobert, la nation crut qu'il valait mieux remettre la couronne sur la tête d'un maire du palais qu'elle élisait, et auquel elle pouvait imposer, que de la laisser sur la tête d'un pouvoir sans action, puisque, jusque-là, la royauté n'avait été qu'un titre sans autorité ? d'où il arriva qu'à l'avénement de la seconde race, la royauté cessa d'être nominale, et qu'au lieu de n'être qu'un honneur elle fut transformée en devoir.

Dans les monarchies, dit encore Montesquieu, l'ordre de succession a surtout été fondé en vue du bien-être et au profit de l'Etat qui demandait que cet ordre fut ainsi réglé, pour prévenir les malheurs que l'on sait devoir arriver sous un règne despotique, où tout est incertain, puisque tout est arbitraire. Ce ne fut donc pas pour les familles régnantes que l'ordre de succession fut établi, mais, parceque l'intérêt de l'Etat le voulait ainsi; d'où il suit que, quand la loi politique a dépouillé une famille du droit de succession, il devient absurde d'en vouloir réclamer la restitution en vertu d'une loi civile. De même que, quand la loi politique a fait renoncer une famille à la succession, il est absurde de vouloir invoquer les restitutions tirées de la loi civile, car les restitutions étant dans la loi, ne peuvent être valables que pour ceux qui vivent dans la loi, mais ne le sont pas pour ceux qui, ayant été établis par la loi, ne vivent que pour la loi. (*Esprit des Lois*, id.)

C'était ainsi qu'à son avénement, la personne privée du roi venait s'éteindre dans la personne politique et cessait d'avoir aucune existence dans l'ordre de la loi commune; n'est-ce pas d'après le même principe que Cicéron a dit : Qu'il serait absurde de vouloir décider des droits d'une nation, d'un royaume, de l'univers enfin, d'après les mêmes maximes sur lesquelles se règlent, entre particuliers, les réclamations au sujet d'un mur, d'une gouttière, etc. (Livre 1er *des Lois.*)

Et cependant c'est ainsi que les défenseurs de l'ancien régime voudraient faire considérer la question, en prétendant que le gouvernement de la France était, pour M. le comte de Chambord, une propriété incontestable : comme si la France pouvait être considérée comme un grand fief, où la terre et les hommes, inféodés à un maître, ne pouvait se passer d'un grand feudataire suzerain, alors que toutes les autres puissances féodales y sont depuis longtemps supprimées.

Nous ne pouvons concevoir comment, à l'époque où nous sommes, dans l'intérêt de la cause, il peut être convenable d'assimiler M. le comte de Chambord aux anciens conquérants de la Gaule quand, par l'effet du temps et des événements, toutes traces d'origine devraient être confondues dans les mêmes droits, les mêmes devoirs. Pourquoi, pour établir un droit, vouloir reporter la pensée vers une époque de violences et de confusion? Nous faut-il donc rappeler comment les hordes germaniques victorieuses des Romains, s'établirent dans les Gaules, au milieu d'un peuple devenu inoffensif, protégé seulement, dans sa nationalité, par l'autorité des chefs de l'église chrétienne, à laquelle les vainqueurs eux-mêmes se soumirent! Nous faut-il dire que le christianisme, malgré sa divine influence, n'empêcha pas que ces barbares, méconnaissant le cœur du Dieu qu'ils adoraient, devinssent les oppresseurs d'un peuple de braves qui les avait précédés dans les lumières de la foi! Comment rappeler les vainqueurs et les vaincus, lorsque forts et régénérés, ces derniers ne veulent voir partout que des frères !

Examinons donc comment s'est trouvée fondée cette hérédité souveraine, son importance à son origine, et comment se sont exercées les successions politiques après l'invasion dans la Gaule.

Nous avons dit que, dans les premiers temps de la monarchie franque, la qualité de roi n'était qu'un titre d'honneur, un nom, puisque, à l'exception du droit d'être à la tête des armées pendant la guerre, la royauté n'avait aucune autre autorité, c'est-à-dire que, hors de son domaine, le roi n'avait aucun droit de prélèvement de tribut sur les terres des seigneurs, aucun droit de juridiction puisque ceux-ci rendaient eux-mêmes la justice, tandis que les affaires générales du royaume étaient administrées par un maire du palais qui était électif.

En effet, les maires du palais qui, sous les rois de la première race, ne furent chargés que des affaires privées de la maison royale, devinrent peu à peu les administrateurs de celles du royaume. Pendant la guerre, quoique le roi fut présent, c'étaient eux qui commandaient les armées, d'où il arriva qu'ils combattaient avec les gens de leur nation, sans que le roi s'en mêlât; c'était encore eux qui faisaient respecter la loi, établissaient des constitutions, rendaient des ordonnances, distribuaient des terres, disposaient des grades, des offices du royaume, et même quelquefois de la couronne, comme il arriva lorsque Charles-Martel fit couronner Thierry II encore enfant, pour régner de fait à sa place, avec le titre de duc ou prince français, tant que ce simulacre de royauté vécut; influence qui prit sa source à l'occasion de la victoire qu'il remporta sur Théodoric, roi d'Austrasie et son maire, comme aussi de celle qu'il remporta sur Chilpéric et son maire Rainfroy, circonstance qui acheva de dégrader la royauté.

Ce fut ainsi que durant la monarchie mérovingienne, la personne du roi restait souvent ignorée, quoique l'institution royale ne le fut pas. (*Esprit des Lois*, liv. 31, chap. 16). Mais Pépin, fils de Charles-Martel, ayant jugé convenable de confondre en une seule autorité, la royauté et la mairie, la dignité royale et le pouvoir exécutif ne formèrent plus qu'une seule puissance. De cette réunion il pourrait encore être douteux au sujet de savoir si la nouvelle royauté serait héréditaire ou non; question qui importait peu à celui qui réunissait les deux qualités, mais qui devenait importante, à cause de la succession, puisque le principe de l'hérédité avec celui de l'élection pouvaient naturellement se paralyser.

Néanmoins cette difficulté fut résolue en ce sens, qu'à l'avénement de la seconde race la couronne fut élective, en ce que le peuple (s'entend toujours les seigneurs et les évêques) choisissait; et héréditaire, parceque c'était, dans la même famille, que le choix devait s'exercer. Ce que l'on trouve formellement exprimé dans le testament de Charlemagne, ainsi que dans le partage que fit Louis-le-Débonnaire, entre ses enfants, lors de l'assemblée des Etats à Quierzy : « *Quem populus eligere velit, ut patri suo succedat in regni hæreditate* » (*).

De ce qui a été dit, il résulte clairement que dès le moment de la victoire de Charles-Martel, ce fut lui qui régna de fait, et que les Mérovingiens ne furent plus rien. Que quand Pépin son fils fut couronné roi, ce ne fut qu'une cérémonie de plus et un fantôme de moins, puisque, de ce fait, il revêtait seulement les ornements royaux sans que rien ne fut changé au gouvernement de l'Etat. Tandis qu'à l'avénement de Hugues-Capet il n'en fut pas de même; alors la royauté, devenue pouvoir exécutif par le changement qui s'opéra quand Pépin devint roi, fut mise en possession de l'un des plus grands fiefs du royaume. Mais en même temps que la royauté prenait plus de consistance, il faut remarquer que ce fut aussi l'époque où les servitudes se multiplièrent, et qu'alors les nobles et le roi accaparèrent le peu de liberté dont jusque-là la population indigène avait pu jouir. (**)

En effet, bientôt il n'y eut plus, à la ville comme à la campagne, que des seigneurs et des serfs, tandis que, durant les autres dynasties, on trouvait encore,

(*) Quierzy-sur-Oise (Aisne), trente-cinq kilomètres de Laon. Là se trouvait le palais des Seigneurs d'Héristal; ce fut là que mourut Charles-Martel. Ce fut aussi dans ce palais que fut rédigé un édit en faveur des possesseurs de fiefs, édit qui contribua beaucoup à l'affranchissement de la féodalité.

(**) Les servitudes plus multipliées en France qu'en Espagne et en Italie, expliquent pourquoi, au sujet des droits seigneuriaux, il y eut une si grande différence entre les lois françaises et celles des deux autres pays. Ce motif peut aussi expliquer pourquoi, en Espagne et en Italie, l'aristocratie et la bourgeoisie vivent en bonne

dans les villes, un corps de bourgeois, un sénat, des cours judiciaires, dont il ne restait plus de traces, parceque, du moment que l'hérédité des fiefs prévalut, celle des offices fut bientôt acquise; d'où il advint que les ducs, gouverneurs de province, les comtes, gouverneurs des villes, ainsi que les officiers d'un ordre inférieur, profitant de la faiblesse de l'autorité royale, obtinrent, et firent rendre héréditaire dans leur maison, par ordre de primogéniture, des titres qui d'abord n'avaient été que viagers, usurpant ainsi les terres et le droit de justice, s'érigeant enfin en seigneurs propriétaires des lieux dont ils n'avaient été que les magistrats. De là l'origine de la noblesse française qui jusque-là avait été inconnue (*), puis ce chaos de droits, de prétentions et de titres qui partout ont porté le trouble et asservi les indigènes jusqu'à l'époque de 1789 où se réalisa, d'une manière définitive, l'affranchissement du peuple. Mais reprenons l'histoire de l'hérédité monarchique, plus tard nous verrons quels furent les effets de ces usurpations.

intelligence. A quoi il faut ajouter, qu'à l'opposé de ce qui a lieu chez nous, la noblesse et la bourgeoisie ne se regardent pas comme étant de races différentes, mais seulement comme appartenant à des degrés différents de la hiérarchie nationale.

(*) Du Ve au Xe siècle, il n'existait aucune noblesse véritable puisque l'origine des Francs ne leur garantissait pas la perpétuité des prééminences sur lesquelles fut fondée la noblesse.

PARTICULARITÉS

relatives au Gouvernement de la France ainsi qu'à l'élection des rois.

Avant de rentrer dans la discussion des principes sur lesquels se fonde l'hérédité politique, qu'il nous soit permis d'exposer quelques considérations historiques qui se rattachent à cette question.

Dans les premiers temps de l'invasion des Barbares d'outre-Rhin dans la Gaule, comme pour eux il ne s'agissait que de butiner, la puissance royale se déférait à titre d'honneur au chef le mieux accrédité par sa bravoure. A celui-ci on abandonnait la plus grande part du butin; mais lorsque ces Barbares se fixèrent dans le pays et s'approprièrent les domaines, celui affecté à la couronne devenant le moyen de puissance le plus important, il fallut bien que l'ordre de sa transmission fût réglé.

Lors de la prise de possession qui ne fut pas immédiate, le chef suprême des guerriers, le roi, se faisait une large part dans la distribution du territoire. Les propriétés privées, mobiliaires et immobiliaires des chefs soumis passaient dans le domaine du chef vainqueur. Ce fut ainsi que Clovis s'appropria les biens des petits rois qu'il fit massacrer.

Dans un très-grand nombre de cas, la coutume attribuait au roi le produit de la confiscation des biens des coupables, il s'enrichissait aussi par les cas de déshérence. Les confiscations iniques et violentes se renouvelaient chaque jour; pour s'en convaincre, il suffirait de consulter les auteurs contemporains, Grégoire de Tours, Frédégaire et tant d'autres qui, à chaque page, en fournissent des exemples.

En 584, Chilpéric, après avoir fait mettre Mummolus à la torture, sur la demande de Frédégonde, lui faisait grâce et le renvoyait à Bordeaux, mais, *ablata omni facultate* (Grégoire de Tours, liv. 6, chap. 35). Enfin la substitution d'une famille à une autre, dans la royauté, accroissait ou renouvelait le domaine des rois, parceque aux propriétés d'un roi détrôné, le nouveau roi ajoutait les siennes. La famille de Pépin, par exemple, avait d'immenses propriétés en Belgique et sur les bords du Rhin, domaines qui le firent arriver au trône dont il augmenta la richesse. (Guizot, *Essais sur l'Histoire de France*, p. 126). Mais quelques grandes que fussent ces richesses, à cause de cette propension toute particulière qui poussait les Francs à la vie errante de leurs ancêtres, attachant peu d'importance au domaine et à sa conservation, il arriva, après la mort de Charlemagne, qu'insensiblement les domaines disparûrent par l'insouciance de ses successeurs, circonstances qui préparèrent l'avénement de Hugues-Capet, et pour plus de fixité, firent rendre inaliénables les biens de la couronne, et, successivement, toutes les autres propriétés bénéficiaires, qui, de temporaires qu'elles étaient, devinrent perpétuelles, transmissibles, d'après la Loi Salique (*), de mâle en mâle par ordre de primogéniture.

Appréciation de la Loi Salique.

La Loi Salique que nous venons de mentionner n'avait par elle-même rien de politique; elle était purement civile, ou plutôt domestique et pénale; si une disposition politique s'y rencontre quelquefois,

(*) Le *Recueil* qui fut appelé *Loi Salique* a, dit-on, été rédigé, pour la première fois, vers le VIIIe siècle, sur la rive gauche du Rhin, en Belgique, dans la contrée située entre la Forêt des Ardennes, la Meuse, la Lys et l'Escaut, pays longtemps occupé par la tribu des Francs-Saliens, qui réglaient sur elle leurs intérêts.

ce n'est qu'indirectement, à l'occasion d'institutions et de faits que cette loi n'a aucun dessein de fonder, mais qui, par circonstance, viennent se lier à la politique, comme il arriva pour la succession à la couronne liée à celle du domaine.

Le droit politique n'apparaît, dans la Loi Salique, disons-nous, qu'indirectement, comme conséquence du droit civil appliqué au domaine royal. Tel est ce fameux article qui dispose que la terre salique ne peut être recueillie par les femmes, et que l'hérédité tout entière sera dévolue aux mâles.

On a attribué à cette loi une importance fort exagérée. L'époque de cette exagération date de l'avénement de Philippe V, dit le Long, au commencement du quatorzième siècle; elle s'est surtout manifestée lors de la lutte entre Philippe-de-Valois et Edouard III, au sujet de la couronne de France. Ce fut alors que la Loi Salique fut invoquée, pour repousser les femmes de la succession au trône de France, qu'elle fut enfin célébrée par une foule d'écrivains comme étant la première source de notre droit public, une loi fondamentale de la monarchie (Guizot, *Cours d'Histoire moderne*, neuvième leçon, 1828).

Dans la Loi Salique, c'est à peine si la royauté apparaît; dans la Loi Ripuaire, elle y figure davantage, mais non sous le rapport politique; il n'y est question ni du pouvoir royal, ni de la manière dont il est exercé, mais seulement du roi comme individu plus ou moins considérable dont la loi doit s'occuper, enfin comme propriétaire de vastes domaines qu'il faut garantir, et des colons qui exploitent ses domaines; accordant néanmoins, à ce titre de roi, ainsi qu'aux siens, des grands priviléges, mais là se borne son importance (Guizot, *Histoire moderne*, dixième leçon).

Selon M. Wiarda, (*Histoire et explication de la*

Loi Salique. Brême, 1808.), la Loi Salique n'est pas une loi proprement dite, un code; elle ne paraît pas avoir été rédigée, ni publiée par une autorité légale, une assemblée du peuple; elle ne serait qu'un droit coutumier, recueilli par quelques clercs barbares, une simple énumération de coutumes, de décisions judiciaires, n'ayant eu, chez nous, d'importance qu'à cause du domaine de la couronne qu'elle régissait, pour l'empêcher de passer dans la main des femmes; circonstance qui la fit considérer comme loi fondamentale de la monarchie, tant qu'il y eut un domaine de la couronne à conserver.

D'après cette manière d'être considérée, il est clair que la question d'hérédité royale, dans son origine, n'était qu'une question domaniale qui n'a pas changé de caractère, conséquence toute naturelle du développement des institutions féodales et de la prépondérance de la Loi Salique substituée au droit romain, substitution qui devait finir et qui finit en effet avec ces institutions.

A ce sujet il nous faut fournir quelques explications. Chez les Francs, il n'y avait pas de corps privilégié, mais, chez eux, les filles, comme il vient d'être dit, étaient exclues de tout partage de la succession immobilière. La loi des Thuringiens s'exprimait ainsi :

« Que l'héritage du mort passe au fils et non à la fille. Si le défunt n'a pas laissé de fils, que l'argent et les esclaves appartiennent à la fille, et la terre au plus proche parent, dans la ligne directe et descendante paternelle. S'il n'y a pas de fille, la sœur du défunt aura l'argent et les esclaves, la terre passera au plus proche parent du côté paternel. Que si le défunt n'a laissé ni fils, ni fille, ni sœur, que la mère seule lui survive, celle-ci prendra ce qu'aurait pris la fille ou la sœur, c'est-à-dire l'argent et les esclaves; s'il n'y a ni fille, ni sœur, ni mère survivant, celui qui sera le plus proche parent, dans la ligne paternelle, prendra possession de l'héritage, tant de l'argent et des esclaves que de la terre.

» Quelque soit celui à qui les terres seront dévolues, c'est à lui que doivent appartenir les vêtements de guerre, c'est-à-dire la cuirasse, la vengeance des proches et la composition qui doit être payée pour fait d'homicide. »

La Loi Salique n'était donc qu'une loi domaniale, une loi civile si l'on veut, et non une loi politique. En effet, les mots terres saliques indiquaient tout simplement l'héritage, le bien-fonds, le domaine paternel chez les Francs-Saliens, et non une terre concédée pour des services publics.

Le principe de la Loi Salique, appliqué à l'hérédité de la couronne, avait donc pour objet politique, non-seulement de conserver le domaine, mais encore de le faire accroître au moyen de l'inaliénabilité, comme par l'accumulation des biens qu'apportait avec lui le prince nouveau appelé à régner ; de manière à ce que l'importance du domaine répondit aux besoins présents et futurs de l'Etat sans pouvoir s'amoindrir puisque, comme on l'a vu plus haut, même les propriétés *d'un roi détrôné* devaient rester confondues dans le domaine de la couronne ; nouvelle preuve de la distinction que l'on faisait entre la personne royale et le domaine, comme aussi l'exprime Montesquieu dans son *Esprit des Lois*, liv. 26, chap. 16. « Ce n'est point pour la famille régnante que l'ordre de succession a été établi, mais parcequ'il était de l'intérêt de l'Etat qu'il en fût ainsi. » Pour fortifier cette proposition, Montesquieu ajoute : « Le domaine d'un Etat est-il aliénable ou ne l'est-il pas ? Cette question doit se décider par la loi politique et non par la loi civile, parcequ'il est aussi nécessaire qu'il y ait un domaine pour servir aux besoins de l'Etat, qu'il est utile qu'il y ait, dans l'Etat, des lois civiles qui règlent la disposition des biens des particuliers.

Si donc on aliénait le domaine de l'Etat, celui-ci serait forcé de faire un autre fonds pour constituer un autre domaine, d'où il résulterait qu'après avoir compromis le gouvernement politique, les sujets paieraient toujours plus, et le souverain recevrait moins; en un mot, le domaine est nécessaire et l'aliénation ne l'est pas (*Idem*). »

L'abandon que devaient faire les princes, appelés à régner, de tous les biens qu'ils possédaient, justifiait aussi la disposition de la Loi Salique qui excluait les femmes de la succession à la couronne, puisque, si elles avaient été appelées à régner, il pouvait arriver que, par les unions qu'elles auraient pu contracter avec des étrangers, ceux-ci auraient été mis en jouissance usufruitière des biens délaissés par le défunt. Cette coutume justifiait l'héritage, en ligne directe, de la couronne. Mais, comme on le voit, cette disposition, dans ce sens, était toute domaniale; aussi, dans nos institutions modernes, ne peut-elle plus occuper aucune place.

Après l'exposé que nous venons de faire, nous allons reprendre la discussion relative à l'hérédité de la couronne, au point où nous l'avons laissée.

L'avénement des Carlovingiens avait été plutôt la conquête d'un peuple sur un autre peuple que l'usurpation d'un homme sur une famille, puisque, depuis plus d'un siècle, la famille de Pépin, maire du palais, gouvernait la Gaule, tandis que celle des Mérovingiens était tombée dans la plus grande impuissance (*). En pleine possession du fait, comme du mérite, cette sorte d'usurpation de Pépin n'avait rencontré aucun obstacle. Cependant, pour la justifier, craignant que le peuple privilégié ne la lui contestât,

(*) *Essais historiques*, Guizot, page 304-305.

il en écrivit au pape Zacharie qui lui répondit que : « Le véritable roi était moins celui qui portait ce titre, que celui qui exerçait le pouvoir. » Armé de cette réponse, Pépin se fit élire par l'Assemblée nationale et sacrer par le pape Boniface.

On voit, par la formule de consécration de Pépin, que ses deux fils, Charles et Carloman, furent aussi oints et sacrés, et que les seigneurs, électeurs privilégiés d'alors, s'obligèrent sous peine d'excommunication, de n'élire jamais personne d'une autre race : *ut nunquàm de alterius lumbis regem in ævo præsumant eligere, sed ex ipsorum.* (*Esprit des Lois*, liv. 31, ch. 17.)

Pépin, sentant sa fin venir, convoqua à Saint-Denis les seigneurs laïques et ecclésiastiques, à l'effet de procéder au partage de son royaume, entre ses deux fils, Charles et Carloman. On trouve, dans l'ancienne collection historique de Canisius, ainsi que dans les annales de Metz, deux choses qui semblent se contredire ; c'est ainsi que Pépin aurait fait ce partage du consentement des grands du royaume, en même temps qu'il usait de son droit paternel. Ce qui vient confirmer ce qui déjà a été dit, savoir que, dans cette race, le droit du peuple était de choisir dans ceux de la famille, ce qui, aussi implicitement, lui donnait le droit d'exclure. *(Idem.)*

Le droit d'élection, confirmé par les monuments historiques de la seconde race, est ainsi exprimé dans le texte de l'acte de division, que fit Charlemagne, de l'empire entre ses trois fils : « Si l'un des trois frères a un fils tel que le peuple le veuille élire pour succéder au royaume de son père, ses oncles y consentiront. » Cette même disposition se trouve dans le partage que fit Louis-le-Débonnaire entre ses trois fils, Pépin, Louis et Charles, en 837, dans une assemblée tenue à Aix-la-Chapelle, comme aussi dans un acte de partage qu'avait fait le même empereur, vingt ans auparavant, entre Lothaire, Pépin et Louis; formule qui se retrouve encore dans le serment que fit à Compiègne Louis-le-Bègue, lorsqu'il fut couronné, et qui était ainsi conçue : « Moi, Louis, par la miséricorde de Dieu et l'élection du peuple, je promets, etc. *(Idem)*.

Conséquence de la perpétuité des fiefs, sous le règne des Capets.

Quand les fiefs devinrent héréditaires, le droit d'aînesse s'établit dans la succession de ces fiefs ; il en fut de même pour la couronne qui était le grand fief. Alors la loi ancienne qui admettait des partages cessa d'exister : les fiefs étant chargés d'un service, il fallait bien que le possesseur fût en état de le remplir. Ce fut ainsi que la raison de la loi féodale influença celle de la loi politique (*Esprit desLois*, liv. 31, chap. 33).

D'après ce qui vient d'être dit, il nous est facile de voir que cette transmission de la couronne, faite héréditairement, résultait plutôt d'un droit civil converti en usage, que d'un droit politique absolu, puisque c'était le domaine qui lui donnait ce caractère. Néanmoins, comme à son origine, la royauté française avait été séparée de l'autorité active, ces deux éléments de puissance se trouvant réunis dans une seule personne, il s'agissait de savoir, dans la suite des temps, quel serait le véritable caractère de la monarchie, s'il serait héréditaire d'une manière absolue, comme l'avait été la royauté sans action, ou bien électif, comme il en avait été des maires du palais. L'ambition des familles, plus vaniteuse que solide, se chargeant de répondre, l'emporta sur la raison d'Etat.

Il est clair que, dans les premiers temps de la monarchie franque, aucun inconvénient ne pouvait résulter que la royauté fut héréditaire, puisqu'elle était plutôt un honneur qu'un pouvoir. Mais, sous les Capet, le principe électif devenait trop chanceux pour une royauté qui se trouvait être en rivalité avec une aristocratie indépendante et maîtresse du pays.

C'est pourquoi les premiers rois de cette dynastie, pour prévenir les inconvénients qui pourraient surgir en cas d'élection, s'avisèrent d'éluder cette formalité en faisant, de leur vivant, sacrer leurs fils aînés. Cette manière de tourner la difficulté fit que, par la suite et l'usage, cet ordre de succcession (l'hérédité par ordre de primogéniture), devint loi de l'Etat. Philippe-Auguste, à la fin du douzième siècle, fut le premier roi qui ne fit pas sacrer son fils aîné de son vivant, cette précaution n'étant plus nécessaire, l'usage alors tenait lieu de loi. Néanmoins, la couronne ne devint pas héréditaire de ce seul fait, puisque la clause formelle de l'élection était restée intacte; mais cela arriva parceque le droit étant attaché à la chose, et non à la personne, il importait à la majorité de la noblesse que ce droit eût, pour représentant, le plus grand possesseur du sol; d'où il résulte que la question d'hérédité royale se résume en une question toute domaniale, conséquence toute naturelle du développement des institutions féodales, qualité qui devait finir avec ces institutions.

Enfin, de quelque manière que l'on veuille considérer la royauté de ce temps-là, on voit que, dès son origine, son caractère héréditaire se fondait sur le genre de possession, fruit de la conquête, affectée soit comme *Alleu* (*), ou comme fief, et à aucun autre titre puisque c'était sur son importance que l'on semblait fonder sa stabilité, ce qui ne l'empêcha pas de déchoir et de s'écrouler comme nous le démontrerons quand il s'agira d'examiner la marche des vicissitudes du domaine de la couronne.

(*) Alleu, d'origine germanique, vient de Al-od, et signifie toute propriété à l'opposé du fief, qui, dans l'origine, n'était qu'un bénéfice temporaire.

Le gouvernement féodal devait être en effet odieux aux Gallo-Romains, puisque c'était la domination exclusive de l'étranger sur les indigènes. Pendant que la féodalité était prépondérante, toutes les dominations locales se rendaient indépendantes et souveraines. Les ecclésiastiques firent comme les laïques, les évêques comme les comtes, et la royauté, délaissée à la fois par le clergé et les leudes qui ne s'occupaient guère que de régner sur leurs domaines, ne fut bientôt plus qu'un nom auquel il fallut plus de deux siècles pour commencer à devenir pouvoir ; pouvoir qui, peu à peu, s'affranchit de ses entraves et devint absolu.

Eh bien! quand le domaine féodal n'existe plus, si le droit divin est décliné, que reste-il donc à ceux qui veulent justifier les droits héréditaires absolus des prétendants au gouvernement du pays? A moins qu'ils ne veulent compter sur la fatalité des événements qui pourraient résulter des malheurs de la patrie, comme on l'avait espéré en 92, et comme, en effet, il en est arrivé en 1814 et 1815. Mais combien ce triomphe inattendu a-t-il duré? (*)

Par caractère comme par raison, nous sommes naturellement porté à admirer les nobles dévouements, à croire à la générosité des sentiments, ainsi qu'à la sincérité des expressions de fidélité, quand nous pouvons supposer qu'ils sont le fruit d'une conviction profonde et désintéressée. Mais ne nous est-il pas permis de douter de la droiture de ceux

(*) Dans ses *Méditations historiques*, rédigées pendant sa captivité à Ham, page 106, et publiées en 1841, le Prince Louis-Napoléon Bonaparte dit : « L'exemple des Stuart prouve que l'appui armé » des puissances étrangères est toujours impuissant à sauver les gouvernements que la nation n'adopte pas.

» L'histoire dit hautement aux rois : Marchez à la tête des idées » de votre siècle, alors ces idées vous suivent et vous protègent ; » marchez à leur suite, elles vous entraînent; marchez contre, il » en sera de même. »

qui, déjà, dans des vues d'ambition personnelle, soi-disant pour défendre un principe, trouvant que pour arriver à leurs fins tous moyens étaient bons, ont, en plusieurs circonstances, tendu la main à ceux que, dans le fond du cœur, ils devaient détester; et qui, à une époque plus rapprochée, n'ont encore, dominés par la peur, prêté leur concours, lors d'une élection solennelle et décisive, que pour la trahir ou s'en servir comme de marchepieds! Craignons donc que de nos jours, comme à d'autres époques de la monarchie, les expressions de dévouement, de grandeur d'âme et de fidélité ne servent que d'enveloppe à des passions ambitieuses et cupides.

Au milieu du vague dans lequel les vicissitudes des deux éléments monarchiques, l'élection et l'hérédité, ont pu laisser flotter les esprits, il nous a semblé que la dignité royale n'ayant été héréditaire qu'à cause du domaine qui formait son apanage, et le caractère électif ayant été celui des maires du palais investis d'un pouvoir exécutif réel, qu'aujourd'hui, l'autorité seule ayant survécu, il ne devait plus rester aucun doute sur le caractère électif de la monarchie, puisque le domaine féodal sur lequel était fondée l'hérédité, par suite des changements survenus dans les lois politiques du pays, n'existait plus.

Qu'il nous soit permis de rappeler, à ce sujet, que l'empire d'Allemagne fondé, dans le temps, avec l'intention de contenir les Turcs dans leurs limites, considéré comme grand fief, rendit la couronne impériale élective, et que c'est ce même caractère qu'elle avait conservé jusqu'à la chûte de cet empire, effectuée en 1805, par suite du traité de paix qui suivit la bataille d'Austerlitz (*).

(*) Le 31 décembre 1530, les princes protestants et les députés des villes luthériennes, se réunirent à Smalkalde, ville de la Hesse-

Comme on a pu le voir, jusqu'à une certaine époque la royauté ne fut qu'un titre sans pouvoir. En effet, quelle autorité réelle pouvait-elle avoir sur la population d'un pays où la terre et les hommes indigènes étaient inféodés à des seigneurs indépendants qui disposaient en maîtres des uns et des autres, avec droit exclusif de juridiction et d'impôt, circonstances qui, précisément, rendaient l'hérédité souveraine insignifiante? Il était tout naturel cependant que, pour relever cette dignité nominale, les seigneurs feudataires lui rendissent hommage, mais là se bornait en grande partie cette dignité.

Plus tard, l'hérédité des fiefs et l'établissement général des arrière-fiefs éteignirent le gouvernement monarchique et formèrent le gouvernement féodal; alors que les rois n'eurent presque plus d'autorité directe, au lieu de cette multitude de vassaux qui, à l'origine, les entouraient, ils n'en eurent plus que quelques-uns dont les autres dépendaient. Un pouvoir qui devait passer par tant de mains, se perdit avant d'arriver à son terme. Les grands vassaux n'obéirent plus; on les vit au contraire se servir des arrière-vassaux pour se rendre indépendants de la couronne. D'où il arriva que le dernier des Carlovingiens (*) privé de ses domaines, réduit aux villes de Reims et de Laon, resta à leur merci. A cette époque, 987, les Normands ravageaient le pays, ils arrivaient sur des radeaux, pénétraient par l'embouchure des rivières, les remontaient et dévastaient l'une et l'autre rive. Les villes d'Orléans et de Paris les arrêtaient, ils ne pouvaient avancer plus loin, ni sur la Loire ni sur la Seine. Hugues-Capet qui pos-

Electorale, pour y souscrire une ligue défensive ayant pour objet, non-seulement les intérêts religieux, mais surtout d'empêcher que la couronne de l'empire, d'élective qu'elle était, ne devint héréditaire.

(*) Louis V. Il ne régna que quinze mois, et mourut empoisonné.

sédait ces deux villes les tenait ainsi en échec; les clefs du royaume étaient donc entre ses mains. Ces circonstances lui firent déférer une couronne que lui seul pouvait porter et défendre.

Certes, une pareille monarchie était encore bien loin de celle de Louis XIV, et encore bien plus éloignée de celle qui, ne relevant que de la nation, ne peut plus aujourd'hui être exercée qu'en vertu d'un mandat que le choix du peuple peut seul conférer.

Dans un article publié par le *Siècle*, le 18 novembre 1849, il est dit : « Que l'hérédité de la couronne, » comme toutes les autres institutions humaines, a » offert des avantages et des inconvénients. Que la » France, pendant des siècles et encore dans son » enfance, a pu trouver que ce mode de transmission » du pouvoir pouvait être préférable à tout autre ; » tant qu'elle l'a pu, elle l'a défendu contre beau- » coup d'attaques, mais que le doute de son droit » ayant repris faveur, il y a soixante ans, de ce doute » était résulté la République, laquelle, après quel- » ques années de durée, avait dû disparaître, » non pas, comme il est dit : *par les passions d'un prodigieux génie*, mais parceque, mal comprise et mal exercée, elle n'avait été qu'une horrible anarchie, qu'un grand génie seul pouvait dompter. Néanmoins, cette hérédité absolue, qui depuis avait prétendu renaître immortelle, n'a pu, comme on le sait, fournir qu'une trés-courte carrière; car, la tradition qui, selon le langage des légitimistes, puise sa force dans la continuité, trois fois, depuis 1814, s'est brisée devant la volonté nationale exprimée par la majorité de la génération présente, volonté qui seule doit prévaloir sous peine d'éterniser l'état révolutionnaire.

Loin de nous la pensée, cependant, que l'assimilation de la couronne à une propriété de famille ait eu lieu malgré la volonté de ceux qui, alors, avaient voix délibérative, et que le pays n'y ait pas trouvé quelques avantages dans l'intérêt de l'ordre ; il nous paraît au contraire présumable, que le sentiment de la propriété qui exerce une si grande influence sur la majorité des hommes, l'assimilation de la couronne à une propriété patrimoniale, comme celle de l'autorité du roi à l'autorité paternelle, ont pu donner à la royauté cette puissance qui lui a permis de fixer la conquête, d'en arrêter les désastreux effets, en comprimant les tentatives d'invasion, en dépit du principe dissolvant que portait en soi l'organisation féodale.

Mais, de ce qu'une fiction politique ancienne peut révolter certains esprits, il ne s'en suit pas que ce soit, comme on l'a dit, un sujet de honte, car nos ancêtres n'ignoraient pas que cette fiction renfermait en elle le germe du droit imminent de l'Etat sur le sol, droit qu'un jour il a su revendiquer. Aussi le peuple, qui alors ne possédait que par concession, se sentait-il plus à l'aise en voyant la royauté reprendre sur les seigneurs un droit que les seigneurs exerçaient sur lui : c'était un gage de sécurité pour l'avenir, un commencement d'égalité devant la loi du pays devenu aujourd'hui inutile, à quoi il faut encore ajouter que les serfs de la glèbe, les vilains, les non nobles enfin, n'étaient pas seuls intéressés à l'accroissement du pouvoir royal, puisque les arrière-vassaux avaient également besoin d'être protégés contre la rapacité et la violence des grands vassaux. Néanmoins ce ne fut qu'à partir des vingt dernières années du onzième siècle que la couronne de France prit le caractère héréditaire, sans cependant qu'il fût rien changé à l'origine de cette hérédité. Aussi, serait-ce à tort que l'on croirait qu'elle le fut sans condition et que pour cela les seigneurs ne durent pas être consultés ; les circonstances de la captivité de François Ier, après la la bataille de Pavie, suffiraient pour dissiper le doute au sujet des limites posées à la couronne, s'il en pouvait exister encore.

A l'extinction de la branche des Valois, la nation prétendit ressaisir son droit de souveraineté ; aussi, Henri IV ne devint-il roi qu'à la condition d'abjuration du protestantisme, motif auquel nous pourrions ajouter que ce fut moins à cause de sa naissance qu'il fut appelé au trône, qu'à cause de son génie et de la popularité qu'il s'était acquise, popularité que les vicissitudes politiques qui suivirent ne purent lui ravir. On sait, d'ailleurs, combien Richelieu et Mazarin ont eu à disputer les prérogatives de la couronne contre les prétentions de la noblesse, et ce qu'il en est enfin advenu à l'égard de l'infortuné Louis XVI, dont presque tout le règne ne fut que la continuation des luttes que la royauté a dû soutenir contre l'avidité du corps aristocratique.

Quant à la royauté, pour que ses droits héréditaires fussent moins contestés, il faudrait pouvoir reconstruire toute l'ancienne société, lui rendre ses anciens éléments, ses prérogatives en faveur des uns à l'exclusion des autres, et aussi, toutes les circonstances qui, dans la succession des siècles, ont signalé l'établissement de la race franque dans la Gaule, l'impossible enfin. Or, si l'on est impuissant pour réédifier l'ancien ordre social, si l'on est forcé de reconnaître de gré ou de force, qu'il faut céder à ce souffle providentiel qui pousse le monde en avant, à quoi servent des regrets et tant de passions soulevées au détriment du repos public, de l'humanité? Ne vaudrait-il pas mieux être de son siècle, puisque, comme le cours des fleuves, les siècles ne peuvent reculer?

Quand une nation, secouant enfin le joug que les catastrophes de l'ancien monde avaient pu lui imposer, a pu parvenir à rallier sous la même loi tous les citoyens, ne se trouve-t-elle pas être républicaine, et cet état républicain exclut-il absolument l'idée monarchique? Nous ne le croyons pas, et l'histoire des anciennes républiques monarchiques, comme Athènes, Sparte, Syracuse, Rome et Carthage, nous prouveraient que l'on peut, avec une telle constitution politique, vivre longtemps heureux, prospère et respecté (*). Conséquemment, à l'époque où nous sommes, pour qu'une pareille monarchie puisse s'implanter chez nous, que reste-t-il à faire si ce n'est une alliance sincère du système démocratique que comporte le suffrage universel, avec celui d'un pouvoir gouvernemental unique! Dans ce cas, cette dernière puissance ne peut être qu'élective, et doit conséquemment exclure toute hérédité, car la souveraineté du peuple et l'hérédité sont deux puissances qui, réciproquement, tendent à se neutraliser puisque celui qui est appelé à la confection des lois doit toujours se réserver le droit de pouvoir au besoin les abroger.

Eh! que l'on n'aille pas argumenter, comme on l'a déjà fait tant de fois, contre l'idée d'une monarchie élective, en alléguant les désordres qu'un pareil système a pu répandre en Pologne, alors que ce pays était ainsi gouverné. Dans ce temps-là, comme c'était un corps aristocratique qui élisait, c'était à qui, de ceux qui le formaient, ferait entrer la couronne dans sa maison. De là les intrigues sans nombre, les soulèvements, un état de guerre civile pendant tout l'interrègne. Tandis que, chez nous, c'est la nation sans aucun privilége qui concourt à cette grande œuvre. — Conséquemment il est de son intérêt, non-seulement d'éviter l'intrusion, de n'élever

(*) Sparte, grâce à la sagesse des lois de Lycurgue, a vécu 700 ans. Carthage, la plus estimée des républiques, selon Aristote, a vécu plus de 500 ans, glorieuse et fortunée. Rome, pendant le règne de ses cinq premiers rois, était une république monarchique, point de départ de la nation la plus puissante du monde ancien. Le gouvernement anglais serait une république monarchique, sans son aristocratie qui scinde tout. Jusqu'en 1809, Napoléon resta l'empereur de la république française.

à la première dignité de l'Etat que celui qui le mieux peut se recommander par son origine, les services qu'il a déjà rendus, et les souvenirs traditionnels qui rattachent son nom à la nation et l'obligent. Les épreuves faites le 10 décembre 1848, et celles de 1851, nous donnent la mesure de ce que, en pareille occurrence, nous devons espérer.

D'après ce qui a été dit, il résulte d'une manière assez claire que l'hérédité du pouvoir souverain ne peut, pas plus aujourd'hui qu'autrefois, constituer un droit absolu ; néanmoins, nous pensons que ce principe une fois posé ne saurait empêcher, si une première épreuve avait été heureuse, que, favorisé par le texte de la constitution, l'intelligence des électeurs ne leur dise de maintenir dans la même famille l'obligation d'y perpétuer les bonnes traditions, d'y entretenir le feu sacré de l'amour de la patrie.

N'est-il pas, en effet, raisonnable de penser que celui entre les mains duquel un grand pouvoir aura été confié, devra, dans l'intérêt de son honneur plutôt que par ambition dynastique, agir de manière à ce que le peuple trouve avantageux de faire continuer, par le fils, l'œuvre du père, comme de son côté, si le fils veut succéder à son père, il devra s'y être préparé d'avance afin de mériter que le suffrage de la nation lui soit favorable. Cette disposition ne serait-elle pas le moyen de perpétuer librement dans une famille le pouvoir, par l'avantage que la nation doit retirer dans cette succession d'utiles et d'honorables services qu'elle en doit attendre; comme aussi, le chef de l'Etat pourrait y puiser un sentiment d'orgueil légitime, assuré qu'il serait de la confiance nationale et de pouvoir conduire à bonne fin les œuvres qu'il aurait commencées?

M. de la Rochejacquelin, partagé entre l'idée d'une république modérée et celle de l'ancienne légitimité, s'est exprimé ainsi au sujet de la première, c'est-à-dire une république modérée, au moyen d'un monarque électif; « avec ce genre de gouvernement, » a-t-il dit, l'émulation est continuelle pour le bien, » le peuple peut se trouver heureux de sa souveraineté, il ne pourrait d'ailleurs s'en prendre qu'à lui-même s'il faisait de mauvais choix, et l'avenir ne » serait point engagé. Ce serait le moyen de diminuer » l'importance des factions, quand, d'un autre côté, » si le monarque voulait revivre dans ses fils, il aurait l'obligation de veiller à ce que ses héritiers » répondissent aux nécessités d'un gouvernement national. »

De son côté, la *Gazette de France*, fidèle à son principe, continue à ne vouloir admettre qu'il soit loisible à la nation d'élire son monarque; tout ce qu'elle concède, c'est la faculté de proclamer cette loi de la monarchie qui, dit-elle, a gouverné la France depuis neuf siècles. On concevra facilement le but de la proposition, en se rappelant ce que nous avons dit de la royauté qu'elle préconise, et de ce que jadis on entendait par le peuple.

Néanmoins, le même journal veut bien convenir qu'à son origine la royauté, devenue depuis héréditaire, avait d'abord été élective; qu'elle ne fut qu'un établissement dit populaire; que cette royauté ne fut inventée que dans le but de garantir les droits de ce qu'elle appelle le peuple, c'est-à-dire du vainqueur sur les vaincus. Mais ce qu'elle ne dit pas, c'est que le caractère héréditaire absolu n'a pris naissance qu'après la race Capétienne, alors que les fiefs furent déclarés héréditaires, quand le droit d'aînesse s'établit en France, quand enfin la féodalité devint prépondérante, seulement à cause du fief qui en formait l'apanage, et non à cause de la royauté qui était alors en décadence.

Quant aux conséquences de l'hérédité des fiefs, voici encore à ce sujet ce que dit Montesquieu (*Es-*

prit des Lois, liv. 31, chap. 32) : « Les seigneurs étant parvenus à rendre leurs fiefs héréditaires, la mairie du palais qui, jusque-là, avait été chargée de la distribution des terres affectées à la rémunération des services, cessa d'être le plus important des offices du royaume, ce qui explique comment fut stipulé, lors de l'élection de Hugues-Capet, qu'à l'avenir la couronne serait jointe à l'un des plus grands fiefs de France (*). Après son élection, Hugues-Capet se fit associer, en 988, son fils Robert, qui régna trente-cinq ans. Ce ne fut pourtant pas sans conteste que, à la mort de son père, Henri Ier devint roi de France; néanmoins il régna vingt-neuf ans. Or, comme en ce temps, la possession valait titre, Philippe, fils de Henri, quoique encore enfant, reçut la couronne à titre héréditaire et jusqu'à sa majorité il régna sous la direction de Baudoin, comte de Flandre.

C'est ainsi que, faute d'explication, souvent on confond, dans une même idée, les choses du temps passé avec celles des temps présents; qu'enfin on peut considérer comme légitime, ce qui a pu n'être que l'effet d'une surprise. Quoiqu'il en soit, on a vu la *Gazette de France* déclarer ne vouloir admettre qu'une sorte de légitimité, une seule forme d'hérédité, celle enfin dont nous avons indiqué l'origine, ou, à son défaut, la République, mais une République impossible puisqu'elle ne la veut qu'avec une Assemblée législative, sans chef du pouvoir exécutif, c'est-à-dire une Convention investie de tous les pouvoirs. Par une telle concession, il est clair que le parti qu'elle représente ne veut que son idole, car la

(*) On ne tenait un alleu, disait-on après la conquête, que de son Dieu ou de son épée. Hugues-Capet, d'après ce principe, disait tenir ainsi la couronne de France, parcequ'elle ne relevait que de sa personne; c'est-à-dire que le fief dont il était en possession était un franc-alleu, ce qui indique clairement des souvenirs de conquêtes et l'influence du domaine.

République que son parti accepterait, on n'en voudrait bien sûr pas puisque ce serait la souveraineté du peuple illimitée, sans contrôle ni responsabilité, l'anarchie enfin.

Pour agir d'après les principes rigoureux de l'ancienne monarchie, et les traditions de sa race, comme le dit M. le comte de Chambord, il faudrait pouvoir déchirer toutes les pages de l'histoire moderne, et ne la commencer qu'à partir du règne de Hugues-Capet, car, avant son usurpation, on a vu qu'il n'y avait pas d'hérédité royale absolue (*); dans tous les cas, en la rétablissant, ne rencontrerait-on pas les exigences des ex-grands seigneurs ainsi que celles de leurs vassaux voulant dominer la royauté, la réduire à rien, et déclarer, comme ils le firent sous Philippe-Auguste, que s'ils tenaient à honneur d'obéir au roi, ils regarderaient comme la plus souveraine infamie de partager le pouvoir avec le peuple? (*Esprit des Lois*, liv. 8, chap. 9.)

Mais un fait fort remarquable et qui fait peu d'honneur au développement de la royauté héréditaire sous les Capet, c'est que tout ce qu'elle acquérait, ainsi que la noblesse d'alors, tournait au détriment de la liberté des autres classes... Bien que la rigueur de ce régime, sous Louis XIV, ait semblé s'adoucir, le principe n'en persistait pas moins; aussi, sous les règnes qui suivirent, vit-on les seigneurs faire des tentatives pour reprendre l'ascendant que le grand roi avait su amoindrir. De là cette multitude d'influences seigneuriales, que les rois qui lui ont succédé ne purent toujours prévenir et qui devinrent les causes principales de la révolution.

(*) En 1713, le père Gabriel Daniel, dans une dissertation sur les rois de France, a démontré, en attaquant toutes les généalogies qui avaient été forgées en faveur du chef de la troisième race, que la royauté franque s'était transmise par voie d'élection durant un long espace de temps.

A ceux qui voudraient, au profit de leurs vaniteuses prétentions, invoquer l'ordre social et les actes des temps passés, ne pourrait-on pas opposer la société et les actes réguliers des temps modernes, et leur prouver, qu'entre l'état social sous la troisième race et celui qui caractérise la France d'aujourd'hui, il y a toute la différence d'un monde à l'autre. Que si l'on y rencontre quelques similitudes, ce ne peut être qu'entre Charlemagne et Napoléon, soit à cause du mauvais état dans lequel se trouvait la France dans ses rapports intérieurs et extérieurs quand ils prirent les rênes de l'Etat, soit par la grandeur de leurs idées gouvernementales, par les actes qui leur appartiennent; et par les généreuses intentions qui les animaient tous deux, alors qu'ils désignèrent leur successeur, l'un aux électeurs privilégiés de l'époque, et l'autre au peuple tout entier, avec cette différence encore que Charlemagne organisait au profit des Francs, tandis que Napoléon régularisait l'émancipation politique d'une nation qui avait recouvré ses droits.

De tout ce qui vient d'être dit, il résulte que la solution cherchée ne pouvant se trouver dans la restauration d'un passé impossible, il faut la faire surgir des circonstances présentes si l'on veut faire cesser toute incertitude et préserver l'avenir.

La constitution de 1789, en abolissant tous les priviléges, avait pourtant fait une grande réserve sous le rapport de l'hérédité, en faveur de la royauté, réserve tacite cependant, que les circonstances des années qui suivirent ont aussi brutalement anéantie. Sans vouloir précisément signaler les principales causes ni les auteurs d'un pareil sacrilége, nous devons cependant dire qu'il ne peut être attribué qu'à ceux qui, méconnaissant les droits de la nation, acquis et sanctionnés par tous les faits postérieurs à la régénération opérée en 1789, l'ont poussé au désespoir.

Depuis soixante ans, a dit M. de la Rochejacquelin au conseil-général des Deux-Sèvres, (1852), nous sommes devenus les hommes d'expérience ne serait-il pas temps d'en finir ? Que les hommes de bien sacrifient leurs prétentions réciproques, c'est à eux à donner l'exemple, car les divisions des classes éclairées sont les plus grands obstacles au redressement des esprits égarés dans les masses populaires.

Partant de ces principes, examinons donc quelle forme de gouvernement conviendrait le mieux à notre société nouvelle. Sans doute que depuis 1789, tous nos essais de gouvernement n'ont fait que multiplier les partis, sacrifier des victimes, sans utilité pour la question nationale. Avant de devenir cause, les institutions sont effet, la société les produit avant d'en être modifiée. Au lieu de chercher dans les systèmes ou les formes de gouvernement quel a été l'état des peuples, c'est l'état du peuple, l'esprit qui le domine qu'il faut examiner pour savoir quelle forme de gouvernement peut lui être adapté ; ne ressemblons pas à ceux qui, pour renverser l'autorité qui les gêne, prennent parti pour la liberté, afin de la renverser aussi quand ils s'en seront rendus maîtres.

Chaque situation nouvelle fait naître des besoins nouveaux. L'un des plus grands malheurs des révolutions, c'est de démoraliser tout le monde et de n'instruire personne. Après soixante années de luttes que trois fois nous avons cru finies, la France, revenue à son point de départ, se trouve être encore en voie d'expérience. Pendant trente-trois ans, nous avons essayé de la forme anglaise, elle n'a pas porté d'heureux fruits. Quant à la forme américaine que quelques-uns préconisent, il était présumable que l'esprit, le caractère et les mœurs de notre pays n'auraient pu s'en accommoder ; aussi, devons-nous penser à un système de gouvernement qui soit adapté à nos convenances propres, et aux circonstances qui ont présidé à la marche progressive de notre développement social.

On ne saurait trop reproduire les bonnes idées quand, prises dans un sens général, elles peuvent conduire à des applications utiles. « Pour l'accom-
» plissement des grands desseins, a dit M. Guizot, il
» faut un chef, et il n'y a de chef que celui que l'on
» laisse faire et qu'on soutient. » En effet, pour qu'une nation soit heureuse, il faut qu'il y ait réciprocité d'estime et de confiance entre le peuple et le chef de l'Etat. Que le chef du pouvoir exécutif ne voit rien au-dessus du peuple, comme le peuple ne doit voir rien au-dessus du pouvoir exécutif.

La Constitution doit être le contrat qui consacre l'union du chef de l'Etat avec le peuple, et qui pose les principes en vertu desquels seront réglés les intérêts présents et futurs de cette alliance. Les lois, établies d'après ces principes, ont pour objet de déterminer le mode d'exécution des choses relatives aux besoins matériels et moraux de l'association. Pour la confection de ces lois, le peuple délègue ses pouvoirs à un certain nombre de citoyens dont il fait choix. Une fois la loi faite, le chef du pouvoir exécutif en devient le gardien, alors l'opinion publique seule doit avoir la surveillance de la fidélité de son exécution ; mais aussi, comme l'a dit Me de Staël, à une autre époque, l'ordre social étant fondé sur la patience des classes laborieuses, il faut que celles-ci ne l'oublient jamais.

Petites ou grandes, civilisées ou barbares, ce que recherchent les sociétés, ce qu'elles invoquent c'est l'empire de la raison, de la justice, enfin le règne d'un pouvoir bien acquis. Là réside l'unique et dernier but des sociétés humaines. Toutes les institutions, toutes les garanties, ne sont que des moyens pour découvrir ce pouvoir, il faut que la société sache l'extraire de son sein.

Les amis de l'ancien régime veulent un gouvernement, comme ils le conçoivent, pour eux et par eux; ceux de la République absolue font de même, ce qui sert à démontrer clairement que ces deux partis, en se repoussant mutuellement, sont moins attachés à la cause nationale, dont cependant ils font parade, qu'à une sorte de clientèle qu'ils défendent.

Les patriotes qui n'agissent et ne peuvent agir qu'en vue du bien public, puisque là seulement ils peuvent trouver leurs forces, n'ayant d'autre idole que la patrie et la raison, veulent unir un principe à l'autre, la République, caractère fondamental de nos modernes institutions, à une monarchie viagère, chargée de la faire respecter. Une telle combinaison n'est-elle pas la base des institutions nationales qui nous furent léguées par l'empire, un gouvernement de liberté que les circonstances générales d'alors ne permettaient pas d'établir comme on le peut aujourd'hui?

« Dans un Etat vraiment libre, dit Montesquieu » (liv. II, chap. 6.), il faut un monarque ». Plus loin, continuant le même sujet, il ajoute : « La Constitution de la France doit être monarchique et » populaire, conséquemment cette monarchie ne » peut être qu'élective ». Une telle monarchie, n'est-elle pas une République?

Selon nous, la meilleure République c'est celle où une seule personne exerce le pouvoir exécutif; le peuple, par ses délégués, le pouvoir législatif; celle enfin où la justice est rendue au nom du chef du pouvoir exécutif par un corps de magistrats inamovibles, secondés, dans les cas prévus, par un jury populaire.

En 1830, on nous avait bien promis la meilleure des Républiques; en effet, tous les principaux éléments de succès semblaient être réunis, mais neutralisés par l'intronisation d'une dynastie héréditaire et la persévérance dans certaines idées aristocratiques.

Il n'en fallut pas davantage pour la faire échouer, laissant après elle d'autres éléments de discordes, créés sous de pernicieuses influences; triste situation d'un pays qui, par l'effet des révolutions successives, finit par servir d'enjeu aux différents partis qui la divisent.

En effet, quand une révolution éclate, on doit croire qu'elle ne s'opère qu'en vue du redressement des abus exercés par les gouvernements qui l'ont précédée, mais bientôt on s'aperçoit que ceux qui en profitent ne sont là que pour aggraver la situation que l'on espérait voir s'améliorer; que l'arbitraire et la tyrannie ne font que changer de maîtres, par l'impossibilité où se trouve le chef de l'Etat de tout voir par lui-même.

Si l'esprit révolutionnaire s'est ravivé sous le dernier règne, n'est-ce pas parceque, au lieu de réparer les dommages causés par la chute de l'empire, sans cesse ils se sont aggravés, par l'ambitieux orgueil de ceux qui ont succédé ?

Quoi qu'on dise et quoi qu'on fasse, depuis 1789, par le texte comme par l'esprit de nos lois, nous sommes républicains, bien que parfois on ait pu déroger à ce caractère, en nous couvrant d'un manteau royal dynastique, mais on sait ce que chaque fois il est advenu de cette dérogation ; le fond, malgré quelques altérations dans la forme, n'a pu changer.

Quelque turbulente qu'ait pu être, à son début, la République de 1848, elle ne pouvait jamais être assimilée à celle de 1793, ni produire les mêmes effets puisque les circonstances qui avaient présidé à la création de cette dernière lui manquaient. En effet, les institutions libres découlant des principes posés en 1789, l'égalité de tous les citoyens devant la loi, l'absence de tous privilèges devait s'y opposer.

Mais puisqu'enfin l'efficacité de ces institutions est bien constatée, ne serait-il pas utile de chercher à déraciner de l'esprit de beaucoup de la population, cette confusion que sans cesse on fait de la République de 93, qui ne fut qu'un violent accès de délire, avec les principes républicains qui devront désormais régir le pays, le maintenir dans des conditions d'ordre, d'équité et d'honneur, malgré les extravagances de ceux qui d'abord voulaient l'exploiter? Car ce ne fut pas comme républicains que l'on déniait à certains hommes, d'ailleurs de probité personnelle avouée et de patriotisme sincère, le degré de confiance qu'ils méritaient; mais c'est qu'ils n'étaient pas seuls, que beaucoup d'esprits aventureux s'y étaient mêlés. Il nous fallait un pont, pour passer d'une rive à l'autre; au milieu du tumulte ils l'ont dressé, mais fragile, dangereux, comme celui qu'une armée victorieuse improvise à la hâte, sur le fleuve qu'il faut traverser pour atteindre la plaine où l'ennemi harcelé doit déposer les armes et accepter les conditions de paix qui devront le sauver. Cette paix fut en effet signée, mais il s'agissait de la défendre contre les attaques d'un aveugle délire, quand la Providence, qui sait pourvoir à tout, nous montra l'homme heureux qui, par un dernier contrat, doit la consolider.

L'esprit de la République, comme nous la souhaitons, doit être celui de la modération et de la justice pour tous. Le moment n'est sans doute pas éloigné où chacun pourra se convaincre que le régime républicain, bien constitué chez nous, n'est pas impossible. Que pour vivre d'une manière analogue à notre caractère, à nos mœurs, à notre législation, enfin à notre état de société, il suffira de renoncer à jamais au principe de l'hérédité gouvernementale absolue, ce principe ne pouvant plus se rencontrer avec les circonstances au milieu desquelles il a pris naissance quand, d'ailleurs, plusieurs épreuves ont fait voir à tous qu'il compliquait tout sans pourtant rien garantir. Qu'enfin il était possible d'être républicain monarchique, sans déroger aux principes sur lesquels sont fondées nos libertés. Quelques affections particulières pourront sans doute encore demander autre chose, mais il nous semble que généralement la conscience publique n'aspire qu'après ce que nous souhaitons, c'est-à-dire, un pouvoir solidement constitué, de l'ordre dans la marche des différents rouages de l'État, enfin de la stabilité.

Nous ne pouvons concevoir comment, en ne voulant procéder que par voie pacifique, comme le disent les légitimistes, quelques-uns parmi eux ont encore la prétention d'invoquer des droits fondés sur des traditions qui, non seulement peuvent rappeler à la nation de tristes souvenirs, mais dont les événements ont déjà tant de fois rompu la chaîne? Comment d'ailleurs la France d'aujourd'hui serait-elle tenue d'observer le principe d'hérédité que Hugues-Capet lui-même n'avait pas respecté? S'il restait encore quelque chose du passé, de l'ancien régime enfin, on concevrait que l'on voulût s'y rattacher, mais hors les prétentions de caste, rien, non rien n'est resté, tout a été légalement dispersé sans qu'il soit possible d'en rien réunir; notre nationalité enfin reconquise a dispersé tout ce qui pouvait encore exister des prétentions résultant des souvenirs de la conquête.

Quel rapport peut il y avoir aujourd'hui entre la souveraineté aristocratique d'autrefois, et cette puissance populaire, fille d'une révolution légitime, sanctionnée d'abord par une royauté qui n'était plus, comme jadis, seulement nominale, mais qui compromit son sceptre et sa personne en cédant, par trop de faiblesse, aux exigences d'une aristrocratie sans consistance?

Des circonstances au moins aussi légales que celles qui avaient présidé à l'établissement des anciennes dynasties, n'avaient-elles pas aussi créé une dynastie nouvelle, ne relevant précisément que des institutions qu'elle-même avait créées? A moins de vouloir anéantir toutes ces institutions fondamentales, non plus imposées par la conquête, mais vraiment nationales, comment pourrait-on en faire le gardien l'héritier de ceux qui en furent les antagonistes ; ou bien lui substituer l'une de ces improvisations qui ne représentent rien? (*)

Les droits de l'ancienne aristocratie franque ayant été établis avant ceux de la royauté sur la possession du sol, si l'on pouvait sérieusement admettre le droit rétroactif de la propriété en faveur de la royauté, quelle raison pourrait-on alléguer contre ceux de l'ancienne noblesse? La reconnaissance de l'une n'impliquerait-elle pas la reconnaissance de l'autre? Est-ce que l'une et l'autre, à leur origine, et pour eux, n'ont point été des moyens d'ordre analogues aux circonstances caractéristiques de l'époque? Mais comme également les circonstances de régénérescence nationale de 1789 dominent toute la question, on ne pourrait s'en écarter sans retomber dans le chaos, puisque la seule légitimité, celle qui relève de cette époque, la souveraineté nationale enfin, doit être imprescriptible.

En un mot, nous acceptons l'idée monarchique, mais dans la stricte acception éthymologique du mot, et non d'après ce qu'elle fut jadis en France. Nous croyons à l'efficacité d'une République monarchique, mais viagère, non pas pour satisfaire à aucune exigence étrangère mais parce que, si la nation ne veut pas vivre d'une manière précaire, si elle désire que ce pouvoir ait le temps de perfectionner ses œuvres, elle ne doit pas non plus, sans condition, enchaîner l'avenir de ses descendants. D'ailleurs la non admis-

(*) Mallet-Dupan a dit, quelque part, que notre caractère national ne semblait vouloir jamais, pour chef de l'État, celui qui naguère était l'égal de tous, à moins d'avoir rencontré une de ces supériorités que les circonstances font naître comme il en fut de Napoléon.

sion du principe de l'hérédité politique, comme droit absolu, n'empêchant cependant pas de laisser au prince élu par la nation, la faculté de désigner à l'avance le successeur qu'il aura choisi, lequel toutefois devrait recevoir la sanction des grands corps de l'Etat avant d'en prendre les rênes. Quant à la qualification du chef de l'Etat, nous avions pensé que celle de Président de la République pouvait le mieux convenir à tous et ne blesser personne, que c'était une manière de rentrer dans les principes généraux d'un gouvernement de liberté, qu'elle était dans les convenances de notre époque. Mais les acclamations parties de toutes parts nous ayant rappelé qu'à dater de son avénement, jusqu'en 1809, Napoléon avait été empereur de la République française, nous pensons que c'est à la prudence et au patriotisme du prince Louis-Napoléon qu'il convient de s'en rapporter dans le choix du nom politique qu'il croira devoir prendre. (*)

La raison doit toujours finir par avoir raison. C'est en recherchant la vérité du droit héréditaire que nous avons dû reconnaître qu'en politique il n'était pas fondé, que ce n'était qu'une sorte de violation du droit des gens inefficace autant pour la conservation de la royauté que pour garantir la sécurité du peuple. C'est pourquoi nous avons cru qu'il convenait d'assigner un autre caractère au gouvernement qu'il s'agit de fonder, et que nous avons défendu la cause de la monarchie élective. Néanmoins, quoiqu'il en puisse advenir, nous sommes entièrement rassuré sur le présent, ce n'est que pour l'avenir que nous pourrions craindre.

(*) La prudence et le patriotisme exigent que, dans de semblables moments, la nation se recueille avant de fixer ses destinées; et il est encore fort difficile pour moi de dire sous quel nom je puis rendre de plus grands services.

Le prince LOUIS-NAPOLÉON à Bordeaux, octobre 1852.

La monarchie élective établie chez nous, en faisant cesser toutes prétentions antipathiques, doit avoir d'autant plus de succès que, profitant de l'expérience que les temps écoulés nous ont fait acquérir, il devra nous être facile d'éviter les inconvénients qui se sont déjà présentés lors de nos précédents essais, en même temps qu'il nous sera possible de jouir enfin des bienfaits d'une liberté sans licence.

Fontenelle a dit que les peuples ne semblaient vouloir s'accorder que pour ne pas s'entendre. N'est-ce pas le spectacle qu'aujourd'hui encore l'Europe nous présente? Des notes diplomatiques ont été échangées à l'occasion des événements politiques survenus depuis le 10 décembre 1848. Serait-il vrai qu'en s'immisçant dans les affaires de la France on lui contestât le droit qu'ont toutes les nations de disposer d'elles-mêmes, de ce droit enfin dont disposèrent, sans conteste, les Anglais, en 1688, en substituant à la monarchie héréditaire des Stuarts, celle de la maison de Nassau? Contre la position que nous nous sommes faite, on invoque les traités de 1814 et de 1815, en vertu desquels, d'une part, l'empereur Napoléon a renoncé pour lui et ses descendants à tous droits de souveraineté et de domination, tant sur l'empire français que sur le royaume d'Italie; d'autre part, celui en vertu duquel l'Autriche, la Grande-Bretagne, la Prusse et la Russie se sont engagées à maintenir en pleine vigueur l'exclusion perpétuelle des membres de la famille Bonaparte du pouvoir souverain de la France. Enfin, dit-on, on délibère pour savoir comment on agirait dans les relations à intervenir avec l'élu de la nation, en raison du titre qui lui sera conféré, et des droits qui, pour l'avenir, seraient réservés à sa famille. Qu'il soit président ou empereur, on ne lui veut qu'un pouvoir viager. Il y aurait dans toute cette conduite, si les faits étaient avérés, beaucoup trop de velléités de prépondérance germanique, dont certainement le pays saurait apprécier la portée. En fin de compte, les puissances dont il s'agit auraient déclaré que la prétention que l'on pourrait avoir d'établir, chez nous, un pouvoir héréditaire dans la personne du prince Louis-Napoléon, étant contraire aux principes fondamentaux du droit public, aux intérêts et à la dignité des maisons souveraines de l'Europe, elles se verraient forcées d'agir en conséquence! Il serait bien singulier que les souverains du nord de l'Europe devinssent aujourd'hui aussi chatouilleux à l'endroit de l'interversion dans l'ordre des successions dynastiques. Est-ce que la question des Stuarts, en Angleterre, n'a pas prouvé que dans l'intérêt même de la paix publique, l'ordre de succession au pouvoir suprême d'un pays pouvait, au besoin, être interverti sans inconvénient? La royauté héréditaire qui, en 1688, en a été la conséquence, n'a-t-elle pas ses racines dans l'élection qui appela Guillaume de Nassau a la couronne? — Est-ce qu'en Suède la dynastie de Bernadotte ne règne pas paisiblement?

Chez nous, il ne faut pas se le dissimuler, tous les ressorts sont encore tendus d'une manière outrée, parceque chaque parti soumis à un principe différent, trompé par de fausses données historiques, veut faire prévaloir ses prétentions; que réciproquement on s'attaque jusqu'à ce qu'une solution définitive ait fait taire l'égoïsme. Sachons donc que toute violence exercée sans droit devient une odieuse tyrannie, soit qu'elle vienne d'en haut ou d'en bas. Rappelons-nous que c'est à l'égoïsme de la féodalité qui, pendant huit siècles, pesa sur notre patrie que nous devons attribuer nos plus grands malheurs. Craignons qu'il n'en advienne de même si l'égoïsme populaire devait prédominer, et surtout si l'autorité, dans tous ses degrés hiérarchiques, ne reprenait pas son empire, car alors ce serait l'anarchie, autrement dit la perte de cette unité de volonté nationale sur laquelle doit reposer le salut de l'Etat.

La dégradation des Etats et leur ruine ne s'opèrent pas tout-à-coup, leur vie s'éteint imperceptiblement si les organes qui les constituent fonctionnent d'une manière irrégulière, tumultueuse. Il en est temps encore, reprenons courage, relevons-nous! Ce ne sont pas les bons sentiments qui manquent dans notre pays, comme on a pu le voir lors de la solennelle démonstration qui a été faite au 10 décembre 1848, au souvenir du nom glorieux de l'empereur Napoléon, véritable régénérateur de notre nationalité; par ce vote presque unanime, spontané, qui a fait déléguer à l'un des successeurs de son nom la présidence de la République. Pour achever l'œuvre, il ne s'agit plus que de lui donner la durée; que ce pouvoir soit appuyé par des hommes qui, par leurs précédents et sur tout leur patriotisme, puissent être ses alliés légitimes, car c'est surtout du patriotisme qu'il faut, sans quoi les convictions restent indécises et la tranquillité publique incertaine.

Quand il s'agit de la patrie, de son salut, toutes discordes civiles ne devraient-elles pas cesser? Dans les grandes crises du pays, il faut que tous les hommes honnêtes, à quelque parti qu'ils aient appartenus, sachent faire abnégation de toute affection personnelle. Ne sait-on pas ce qu'a valu à l'Angleterre sa restauration de 1660, et à la France, celles de 1814 et 1815?

En Angleterre, en 1688, par l'avénement du duc de Nassau, prince d'Orange, faisant le sacrifice des Stuarts, qui, à l'instar de Louis XIV, voulaient faire régner l'absolutisme et triompher la papauté vaincue, les Anglais consolidèrent le régime parlementaire qui fait la base de leur gouvernement, rassurèrent en même temps les possesseurs des biens du clergé catholique, sans cesse menacés de restitutions, et rendirent ainsi la paix au pays (*).

Chez nous, également, il n'est qu'un seul moyen d'en finir avec la révolution politique : c'est, à l'imitation des Anglais, et, par une sérieuse disposition législative, de faire, à l'égard des Bourbons, ce qu'ils firent à l'égard des Stuarts, ne pas oublier, mais laisser au fond du cœur, le nom de ceux que l'on peut encore aimer; en définitive sacrifier, au salut de l'État, des dévouements que la marche du temps et des événements ont rendus, non-seulement inutiles mais dangereux. Tel doit être, selon nous, le bon sens politique qui doit nous diriger.

Les siècles, a-t-on dit, ont seuls le pouvoir de faire ce qui résiste aux siècles. Cette proposition est fort juste, prise dans un sens général, mais elle manque de précision quand on en veut faire l'application à cette sorte d'immutabilité que les légitimistes voudraient imposer aux choses publiques, surtout à l'hérédité du pouvoir souverain, quand eux-mêmes, dans leur intérêt, ont si souvent fourni la preuve de dispositions contraires. L'immutabilité ne peut réellement exister que dans les choses divines, parce-qu'elles ne relèvent que de Dieu, qu'elles seules peuvent traverser les orages du monde, tandis que les gouvernements politiques, soumis à l'instabilité des choses humaines, doivent en subir toutes les conséquences. Pour s'en convaincre, il suffirait d'apprécier l'histoire générale dans les faits qui la constituent, alors on verrait la fausseté du raison-

(*) Louis XIV était pour l'Europe le symbole du pouvoir absolu. Jacques II voulut l'imiter. Guillaume ne cessa de le combattre: l'un tomba du trône d'Angleterre, l'autre s'y établit, par la seule raison qu'ayant toujours attaqué le représentant de l'idée despotique, il était devenu celui de l'idée de liberté, et qu'à ce titre le peuple anglais se déclara en sa faveur. C'était alors la seule solution possible.

nement de MM. les légitimistes. En effet, après la longue occupation des Romains dans les Gaules, que voyons-nous? D'abord une royauté germaine, vagabonde, guerrière, semi-barbare, couverte d'un titre militaire que le moindre caprice pouvait renverser; héréditaire cependant, mais sans inconvénient puisque, pour un peuple errant, il n'y avait ni loi, ni propriété à faire respecter. Puis une royauté féodale dont nous avons fait connaître le caractère. La féodalité toute puissante, et enfin le gouvernement royal absolu, suivi d'une royauté constitutionnelle où s'arrêta l'ancien régime, le régime du conquérant.

Eh bien! dans cette succession de faits que voyons-nous encore jusqu'à une certaine époque? Une invasion de barbares, venus, sous forme d'alluvions, se disséminer dans les Gaules, y répandre la terreur et la dévastation, faire succéder les ténèbres de l'intelligence aux lumières que les Romains y avaient répandues, puis enfin, par la suite des temps, quelques essais de développements sociaux, une sorte d'échafaudage qui devait disparaître après l'achèvement de l'édifice. Quand les intérêts d'un État sont transformés, quand les idées utiles, pendant le travail de transformation, ne sont plus en rapport ni avec les besoins, ni avec l'esprit de la nation, pourquoi vouloir s'arrêter à ces mêmes idées, par respect pour leur antiquité? N'est-ce pas ainsi que les Romains ont commencé leur ruine?

N'est-ce pas ainsi que dans l'ardeur des jeunes héritiers des anciens légitimistes, en faveur du retour au respect des vieilles traditions, il faut moins voir, dans leur dévouement affecté, l'intérêt qu'ils disent porter au rétablissement de l'ancienne royauté que l'ambitieux désir de faire revivre, à leur profit, une autorité dont leurs ancêtres ont si souvent abusé?

Nous concevons, cependant, qu'encore aujourd'hui, favorisé par la naissance, on s'énorgueillisse des titres acquis par les hauts faits de ses ancêtres, qu'ils soient anciens ou modernes, quand fidèles à la devise, *noblesse oblige*, on s'engage à n'y pas déroger. Mais ce que nous ne concevons pas c'est que, quand la propriété domaniale a changé de caractère, quand tous sont égaux devant la loi, quand beaucoup, contrairement aux anciens usages, ont été se mêler aux spéculations vénales du vulgaire, on ait la prétention d'exercer, de droit, une prépondérance politique que le suffrage du peuple peut seul conférer. Non pas que nous prétendions blâmer ce progrès, nous voulons seulement dire que, quand on fait comme le peuple, il faut franchement être avec le peuple, non pour en faire un instrument de haine et d'anarchie ou de révolte, mais pour lui donner l'exemple de la soumission aux lois du pays.

De tout ce que nous avons dit, ne doit-il pas résulter que revendiquer des droits absolus à la plus haute dignité gouvernementale, fondée sur des faits appartenant aux siècles antérieurs, est une prétention qui peut flatter l'ambition d'un parti, mais non supporter l'épreuve d'un examen sérieux, puisque, une monarchie, en France, ne peut plus rien avoir d'analogue avec ce qu'elle fut pendant et après le moyen âge ;

Que la légitimité politique moderne ne peut plus résider que dans les droits acquis à la candidature par des faits civilisateurs généraux ;

Que, si la monarchie française, à son origine, sans pouvoir réel, devint héréditaire dans le but de conserver intact le domaine attaché à ce titre, le successeur de celui qui avait été en possession de la couronne, ne se croyait cependant bien assis qu'autant qu'il avait fait sanctionner ses titres par les assemblées du temps ;

Que si, à l'avénement de la seconde race, la monarchie avait acquis une puissance réelle par la réunion du pouvoir exécutif au titre de roi, l'élection restait toujours la condition première d'existence;

Qu'en effet, si cette formalité, qui cependant était restée obligatoire, lors de l'avénement de la troisième race, a été éludée par les successeurs de Hugues-Capet, cette disposition n'en subsistait pas moins virtuellement, puisque le caractère de la couronne provenait beaucoup plus de la fortune privée et de l'autorité qu'elle donnait, que du droit divin que l'on invoquait;

Que si, cependant, comme il a été dit, le caractère héréditaire de la royauté était plutôt attaché au domaine qu'à la personne royale, la question de droit se trouverait implicitement résolue par l'effet de la loi rendue sous Louis XVI, le 22 novembre et 1er décembre 1790, laquelle loi, dans son préambule, dit : « Attendu que le domaine public, dans son intégrité et avec ses divers accroissements, appartient à la nation, que cette propriété est la plus parfaite que l'on puisse concevoir, puisqu'il n'existe aucune autorité qui puisse la modifier ou restreindre ; que la faculté d'aliéner, attribut essentiel du droit de propriété, réside également dans la nation et que si, dans des circonstances particulières, elle a voulu en suspendre pour un temps l'exercice, comme cette loi suspensive n'a pu avoir que la volonté générale pour base, elle est de plein droit abolie dès que la nation, légalement représentée, manifeste sa volonté contraire etc...... »

Si les faits que nous venons de rapporter ne suffisaient pas à ceux qui prétendent que le principe héréditaire absolu est resté dans toute son intégrité, nous pourrions encore rappeler la disposition de l'article 23 de la Charte de Louis XVIII, dont il a déjà été fait mention, lequel déclare que : « La liste civile fixée, comme elle le fut par l'article 1er de la loi du 26 mai 1791, le sera pour toute la durée du règne, par la première législature assemblée depuis l'avénement du roi; » ce qui ne laisse aucun doute sur la nécesité de son renouvellement de règne en règne, disposition qui doit équivaloir à un droit d'élection.

Pour finir, nous dirons qu'aussitôt que le vote national s'accorde avec le vœu du Sénat pour laisser au prince Louis-Napoléon Bonaparte, Empereur, le droit de régler l'ordre de succession au trône, cette disposition ne peut se confondre avec le caractère de la loi salique puisqu'elle constitue un fait politique que cette dernière n'avait pas, la première étant la conséquence d'un vote dont les fastes historiques n'avaient offert aucun exemple. Néanmoins, tout en voulant relier la chaîne des temps passés avec celle des temps présents, s'il est juste de rappeler la grandeur du règne de Charlemagne, il ne faut pas non plus oublier ce que ses successeurs ont fait de son empire malgré toutes les précautions qu'il avait prises pour en assurer la durée. (*)

En toute chose le perfectionnement ne peut être que l'œuvre du temps. Combien en a t-il fallu pour faire triompher chez nous le droit romain contre le droit féodal? Il fallait la révolution opérée en 1789 pour que le droit romain triomphât des obstacles que lui opposaient les controversistes. La puissance de Napoléon-le-Grand put seule terminer la querelle en soumettant le droit civil et le droit administratif qui nous régissent aux règles du droit romain. Il appartenait à l'héritier de son nom d'en rendre, par une disposition récente, l'étude sérieusement obligatoire, étude qui sans doute influencera aussi la loi

(*) Les règnes malheureux qui suivirent celui de Charlemagne, les invasions des Normands, les guerres intestines, replongèrent les nations victorieuses dans les ténèbres dont elles commençaient à sortir; on ne sut plus lire ni écrire, cela fit oublier en France, comme en Allemagne, les lois barbares écrites, le droit romain et les capitulaires. (*Esprit des Lois*, livre 28, chapitre 11.)

politique du pays avec les modifications que l'expérience et les nécessités des temps modernes réclament. (Voir MONTESQUIEU, *Esprit des Lois*, livre 11, chapitre 12 et suivants.)

Dans l'examen critique auquel nous venons de nous livrer, nous nous sommes proposé d'appeler l'attention publique sur une discussion de principes qui doit avoir un terme. Aux idées qui déjà avaient été émises, nous avons ajouté celles qui nous ont été suggérées par les écrits publiés, depuis quelques années, sur le même sujet. Etranger à tout esprit de parti, en exprimant notre pensée nous croyons l'avoir fait sans passion, sans préjugé, comme sans illusion : en cherchant la vérité, nous avons voulu le faire dans un esprit d'ordre et de justice, mais surtout avec le désir de voir régner, dans notre beau pays, une harmonie sincère entre les divers éléments d'une société faite pour mériter l'estime des peuples qui l'écoutent.

Pour compléter nos moyens d'argumentation en faveur du sujet qui vient de nous préoccuper, nous nous proposons de faire suivre ce que nous venons d'exposer, par un résumé historique des vicissitudes du domaine de la couronne, considérées comme causes principales de la décadence de la vieille monarchie française.

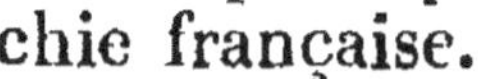

www.ingramcontent.com/pod-product-compliance
Lightning Source LLC
LaVergne TN
LVHW010056230826
846091LV00005B/1955

* 9 7 8 2 0 1 2 3 9 3 2 3 3 *